M. PASCAL DUPRAT

PAR

ERNEST VAUQUELIN

Prix : 20 Centimes.

PARIS

A. GHIO, ÉDITEUR

PALAIS ROYAL, 28, GALERIE D'ORLÉANS.

—

1876

M. PASCAL DUPRAT

PAR

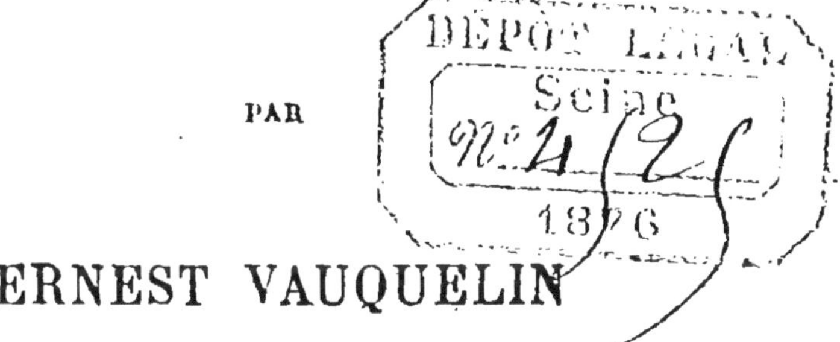

ERNEST VAUQUELIN

EN VENTE CHEZ TOUS LES LIBRAIRES

1876

1

M. Pascal Duprat est né à Hagetmau, petite ville des Landes, dans les premières années de la Restauration.

Après avoir terminé de brillantes études au collége d'Aire, il passa ses examens pour l'admission à l'École normale. Mais il renonça à l'enseignement et partit pour l'Allemagne, où il étudia à l'université de Heidelberg le droit et la philosophie allemande.

A son retour en France, M. Pascal Duprat, revenant à sa première vocation, accepta la chaire d'histoire au lycée d'Alger, qui venait d'être créée.

Le jeune professeur séjourna trois ans dans la nouvelle conquête de la France. Il y apprit l'arabe et l'hébreu, et, dans les loisirs que lui laissaient ses fonctions universitaires. écrivit un livre intitulé: *Essai historique sur les peuples anciens et modernes de l'Afrique septentrionale, leurs origines, leurs mouvements et leurs transformations.* Ce volume. qui valut à l'écrivain un rapport très-élogieux. lu par notre grand historien Michelet à l'Académie des sciences morales et politiques, devait servir d'introduction à l'*Histoire générale de l'Afrique du nord*, achevée jusqu'à l'époque arabe, et que d'autres préoccupations empêchèrent l'auteur de terminer.

L'esprit nourri par des études solides et variées, M. Pascal Duprat ambitionnait dès lors un auditoire plus sérieux que son auditoire de rhétoriciens. Sa chaire désormais, ce devait être le journal, en attendant la tribune parlementaire, et son enseignement, l'éducation politique du peuple.

Le professeur démissionnaire débuta, comme journaliste, dans la *Réforme*, récemment fondée, et qui avait pour rédacteurs principaux : Louis Blanc, Godefroy Cavaignac, Etienne Arago et Ferdinand Flocon. A la même époque, il entra à la *Revue Indépendante*, dont il devint le rédacteur en chef en 1847.

Lorsque la campagne des banquets réformistes commença, M. Pascal Duprat, ainsi que tous les membres de l'opposition, prit une part active à cette agitation, qui devait avoir pour résultat, quelques mois après, la Révolution du 24 Février. Il fut l'un des convives du banquet de Saint-Quentin, où la santé du roi ne devait pas être portée. L'un des premiers, il se prononça dans la presse et dans les réunions populaires pour l'abolition du cens électoral et l'institution du suffrage universel.

Il était à la tribune des journalistes, au palais Bourbon, quand l'Assemblée fut envahie. Laissant les timides partisans de l'opposition dynastique s'efforcer d'établir la régence de la duchesse d'Orléans, M. Pascal Duprat accompagna le vénérable Dupont (de l'Eure) à l'Hôtel de Ville, et servit provisoirement de secrétaire au gouvernement nouveau.

Ce fut lui qui rédigea la première proclamation. Elle fut corrigée et atténuée par M. Marie, qui la jugeait trop républicaine.

Lamartine, rallié au principe du suffrage universel, mais s'inspirant de l'exemple donné par la Convention, eut un moment la pensée de faire élire l'Assemblée Constituante par le suffrage électif à deux degrés. M. Pascal Duprat parvint à lui faire accepter le suffrage direct.

Le jour même, comprenant qu'aux intérêts nouveaux, aux idées nouvelles, il fallait des organes et des interprètes nouveaux, M. Pascal Duprat fonda, avec Lamennais, un journal démocratique quotidien : *Le Peuple constituant.*

Dans le premier numéro, qui porte la date du 27 février 1848, on lisait :

« La République nouvelle ne doit pas être seu-
« lement une forme de pouvoir politique radica-
« lement distincte de la monarchie constitution-
« nelle et de ses fausses institutions. *Elle est ap-*
« *pelée à donner au pays toutes les conditions de*
« *développement que lui ont refusées jusqu'à ce*
« *jour les aristocraties et les rois.* . . . .
« *Il faut que le peuple trouve dans l'ordre nou-*
« *veau toutes les conditions de son développement*
« *moral et intellectuel. Il faut que le peuple trouve*
« *aussi dans le système social qui se forme, toutes*
« *les conditions de son développement physique.....*
« *Que tous les systèmes se produisent en liberté,*
« *qu'ils s'adressent tous en même temps à la raison*
« *publique, rien de mieux.* La République fran-
« çaise doit appeler toutes les discussions, parce
« qu'elle est elle-même le triomphe de la pensée.
« Mais, hâtons-nous de dire à ceux qui voudraient
« la calomnier pour l'affaiblir, *qu'elle n'est pas*
« *forcée de se jeter dans les systèmes exagérés*, qui
« se seraient moins produits jusqu'à ce jour si
« le peuple avait pu trouver dans les gouverne-
« ments monarchiques ce qui convient à sa puis-
« sante nature.

« Il y a un vaste ensemble de mesures économi-
« ques qui peuvent passer immédiatement du do-
« maine de la théorie dans le domaine des faits,
« sans troubler ces intérêts particuliers que pour-
« raient menacer des combinaisons plus absolues...

« En un mot, la République française, dans ses
« institutions politiques et sociales, ne confisque
« pas l'individu au profit de la famille, ni la fa-
« mille au profit de la nation. Elle doit maintenir
« en les développant, tous ces rameaux du même
« arbre, et constituer l'homme moderne dans la
« plénitude de ses énergies. » — *Pascal Duprat.*

La lecture de ces lignes provoque plus d'une
réflexion. Et d'abord ne semble-t-il pas, malgré
leurs vingt-huit ans de date, qu'elles aient été
écrites hier et pour demain ? N'y a-t-il pas une
actualité, une opportunité saisissante dans les
passages soulignés par nous ?

Ce langage si politique ne convient-il pas aussi
bien à la troisième République qu'il convenait à
la seconde, et, au moment de reprendre l'œuvre
interrompue par ces deux tristes aventures qu'on
appelle le règne de Napoléon III et celui de
l'ordre moral, pourrait-on trouver des conseils
plus sensés, plus appropriés à la situation que le
programme tracé le 27 février 1848 par le colla-
borateur de Lamennais ?

II

Nommé représentant du peuple par le département des Landes, M. Pascal Duprat prit place sur les bancs de la gauche.

Rapporteur de la commission chargée d'examiner le projet de crédit de 75,000 francs par mois demandé pour les dépenses secrètes de la sûreté générale, il conclut à l'allocation du crédit, à la condition que la Commission exécutive, c'est-à-dire le gouvernement. rendrait compte de ces dépenses à une commission parlementaire. Ce fut la première fois, depuis l'établissement du régime représentatif en France. que le gouvernement fut contraint de justifier, devant les mandataires de la nation, l'emploi des fonds secrets.

L'empire se hâta de revenir à l'ancienne coutume. Cette mesure de haute moralité, prise par la seconde République, sur la proposition de M. Pascal Duprat. ne pouvait convenir à ce gouvernement auquel nous devons l'ingénieuse et commode théorie des virements.

Lors de l'élection de Louis Bonaparte, le nouveau député des Landes s'opposa à son admission à l'Assemblée constituante.

La plupart des républicains avaient le tort de croire que ce sinistre personnage, devenu ridicule depuis les expéditions grotesques de Strasbourg et de Boulogne, ne pouvait être un danger pour la République. Ils ne se faisaient pas en général d'illusions sur la sincérité des déclarations républicaines du fils de la reine Hortense, et sur la délicatesse de sa conscience; mais ils s'imaginaient que Louis Bonaparte, exclu de l'Assemblée, serait en quelque sorte grandi par les craintes que témoignerait la Constituante, et que cette proscription de la vie politique mettrait au front du prince Louis une auréole qui attirerait sur lui les yeux et les sympathies de la foule.

M. Pascal Duprat fut du petit nombre des représentants du peuple qui virent juste dans cette circonstance. Contre l'avis de M. Jules Favre, de M. Louis Blanc et de Ledru-Rollin, il soutint que le bannissement qui frappait l'héritier de Brumaire devait être maintenu, et que ni la France ni l'Assemblée ne devaient lui être ouvertes.

Comment peut-il y avoir discussion sur un tel sujet dans une réunion de républicains? Comment ceux-ci n'admettent-ils pas tous et sans débat que, selon l'expression de M. Pascal Duprat, « toute république qui reçoit des princes dans son sein se suicide ? »

Il avait bien jugé le prince Louis et fait d'avance une peinture fidèle de ce que devait être le second Empire, quand il s'écriait dans cette séance du 13 juin 1848 : « Sans doute je ne crains pas que l'Em-
« pire se réveille de son tombeau. Non ! l'Empire
« n'est plus possible; mais savez-vous ce qu'il y a
« de possible, ce qui doit vous toucher et vous
« émouvoir profondément? Ce qu'il y a de possible,
« c'est une mascarade sanglante de l'Empire. Eh
« bien! c'est pour ne pas infliger à la République

« cette humiliation et ce désastre que je vous de-
« mande l'exclusion de Louis Bonaparte. »

Que de ruines, que de hontes évitées, si le ci-
toyen Pascal Duprat, qui ce jour-là était pro-
phète, eût convaincu l'Assemblée !

Exclu de la vie politique, Louis Bonaparte ne
pouvait devenir Président ; il ne pouvait, par
conséquent, commettre son attentat du 2 décembre.
L'histoire était changée. Vingt ans de prospérité
trompeuse et de décadence réelle étaient épar-
gnées à la France, ainsi que la honte d'une troisième invasion.

Quelques jours après, M. Pascal Duprat déposa
sur le bureau de l'Assemblée un projet de loi qui
supprimait toutes les mesures fiscales imaginées
par le gouvernement de Louis-Philippe contre la
presse périodique.

Cette proposition fut emportée par les orages
qui survinrent.

Le moment était venu où nos législateurs n'al-
laient plus avoir seulement à s'occuper de la réforme pacifique de nos institutions, mais à combat-
tre pour la défense de ces institutions elles-mêmes.
Déjà l'Assemblée élue par le suffrage universel
avait été envahie le 15 mai par un peuple égaré ; les
passions grondaient dans les profondeurs mysté-
rieuses des partis, comme la lave dans les flancs
d'un volcan. L'aurore sanglante de Juin se levait
sur Paris.

Pour faire l'histoire de cette formidable explo-
sion ce n'est pas quelques pages qu'il faudrait,
mais un volume tout entier.

Sans entrer dans l'analyse des causes multiples
de cette insurrection, nous pouvons dire seulement qu'en prenant les armes, les insurgés tom-
baient dans le piége tendu par la conspiration jé-

1.

suitique et monarchique dont M. de Falloux était le ministre.

Vaincue, cette insurrection, par le seul fait qu'elle s'était produite, nous valut l'Assemblée réactionnaire de 1849 et rendit possible le rétablissement de l'Empire en épouvantant la bourgeoisie. Victorieuse, cette insurrection sans programme et sans chefs aboutissait trois ans plutôt au césarisme, qui guettait déjà la France comme une proie.

Un fait bien caractéristique suffit d'ailleurs pour se former un jugement sur ces dramatiques journées.

Parmi les hommes illustres du parti républicain, parmi ses orateurs, ses écrivains, ses penseurs, ses hommes d'Etat, ses hommes d'action même, en est-il un seul qu'on ait vu derrière les barricades? Pas un !

Ni Proudhon, ni Louis Blanc, ni Ledru-Rollin, ni Lamennais, ni Cabet, ni Caussidière, ni Lagrange, n'étaient dans les rangs des insurgés.

Personne n'a jamais mis en doute le courage de ces hommes et leur dévouement à la cause du peuple. S'ils n'ont pas pris la direction du mouvement, c'est qu'ils voyaient dans cette insurrection un crime ou une faute; et que le résultat ne leur paraissait, en aucun cas, devoir être avantageux pour la consolidation et le développement des institutions républicaines.

Il est vrai que la grande majorité des insurgés combattaient et mouraient au cri de « Vive la République! » Il est vrai que leur but avoué était l'établissement de la République démocratique et sociale. Mais il est certain aussi que la victoire n'aurait pas eu de lendemain. L'attitude du reste de la France, pendant ces journées déplorables, montre bien clairement que

Paris conquis par l'insurrection triomphante serait resté isolé dans le pays. C'était la guerre civile allumée et nul ne sait quelle en eût été l'issue.

La bourgeoisie, dont le concours sur plusieurs points et la neutralité ailleurs avaient déterminé le succès de la Révolution du 24 Février, s'était dès le premier jour, dans la capitale, prononcé énergiquement contre le mouvement de Juin. Pour le reste de la France il en était de même, et derrière la bourgeoisie des villes hurlait une masse de six millions de paysans prêts à se jeter sur les démocrates socialistes qu'ils appelaient « les partageux ».

Dans de pareilles conditions à quoi aurait servi même le succès ?

Supposons le gouvernement légal renversé, l'Assemblée constituante dispersée ; supposons que l'insurrection victorieuse fût allée à Vincennes mettre en liberté MM. Blanqui, Raspail et Barbès, et qu'à ces noms elle eût joint ceux de MM. Louis Blanc et Proudhon, qu'aurait pu faire, même avec la dictature qu'il aurait prise, ce quintumvirat impuissant dont les décrets n'auraient pas franchi le mur d'octroi parisien? Aurait-il été possible de le constituer seulement, ce gouvernement d'où Barbès et Blanqui, divisés, comme on sait, par une haine mortelle, auraient voulu réciproquement s'exclure ? Et Proudhon qui, à chaque page de ses œuvres, traite d'imbéciles les Jacobins de 1848, aurait-il consenti à entrer dans ce Comité de salut public? M. Louis Blanc, homme d'étude et de cabinet, parlementaire de la Révolution, aurait-il voulu s'associer à M. Proudhon, dont le système de réforme sociale n'était pas le même que le sien, et à des hommes qui, comme Armand Barbès, s'inquiétaient moins de dénouer le nœud gordien que de le trancher?

D'ailleurs des éléments d'une autre nature étaient mêlés aux éléments républicains de l'armée insurrectionnelle. On n'entendait pas que le cri de « Vive la République! » dans cette foule formidable qui parcourut Paris pendant deux jours avant de le couvrir de barricades. On y entendait ce refrain menaçant malgré sa monotonie et sa banalité : « Nous l'aurons, Napoléon! » Cette *Marseillaise* sur l'air des *Lampions* n'était pas faite pour donner au gouvernement une idée bien grande du républicanisme de ces manifestations. A la porte même de l'Assemblée, le 23 juin, un individu avait tiré un coup de feu sur un garde national de service, et cette tentative d'assassinat avait été commise au cri de « Vive l'Empereur! » On peut imaginer facilement l'impression produite sur les représentants assemblés, par le récit de cet événement.

L'enquête et les procès qui suivirent démontrèrent que le parti napoléonien n'était pas étranger à ces affaires. Laihr, l'un des assassins du général Bréa, appartenait aux sociétés bonapartistes.

S'il n'est pas vrai que la faction bonapartiste ait organisé le mouvement, qui ne paraît pas avoir eu une direction unique et centrale, il n'est pas téméraire de croire qu'elle s'apprêtait à le détourner à son profit, besogne facile assurément, car le socialisme autoritaire et la démocratie césarienne n'ont été le plus souvent que les désignations de deux nuances d'un même parti. Il y avait alors un journal qui s'appelait le *Napoléon républicain*; et nous avons vu depuis, plus d'une fois, nous voyons aujourd'hui encore certains socialistes faisant bon marché de la liberté et de la forme du gouvernement, se déclarer prêts à saluer l'Empereur, comme le grand dictateur populaire, le grand réformateur socialiste.

Louis Bonaparte a été dictateur, a été empereur absolu et tout-puissant; mais en entrant aux Tuileries il avait dépouillé la peau du socialiste de Ham.

La légende raconte que Jules César nagea d'une seule main pour sauver du naufrage qui avait brisé son navire ses *Commentaires de la guerre des Gaules*. Moins soigneux de ses œuvres, Lou is Bonaparte laissa se perdre dans le Rubicon son livre : *De l'extinction du paupérisme*. Le sang des 3 et 4 décembre 1851 en effaça les pages jusque dans le souvenir de son auteur.

D'autres que les bonapartistes s'apprêtaient aussi à profiter de la dispersion de l'Assemblée nationale et du renversement du gouvernement légal.

Les barricades du faubourg Saint-Germain étaient commandées par un ancien chouan de 1832, Charbonnier de la Guesnerie. Les premiers drapeaux pris aux insurgés et apportés à la Commission exécutive étaient des drapeaux blancs. Au marais, M. de Fouchicourt et son fils défendaient les barricades de leur quartier après y avoir planté le drapeau blanc. Faits prisonniers, ils dirent avoir combattu pour l'ordre qui ne pouvait être rétabli en France que par la royauté légitime.

Les légitimistes se berçaient d'illusions. Evidemment, ce n'était pas à eux que devait revenir la succession de la République égorgée. Mais il nous suffit d'avoir rappelé la coopération que les légitimistes, comme les bonapartistes, ont apportée à l'insurrection, pour établir que celle-ci, vague dans ses revendications, abritée sous ses drapeaux rouges, blancs ou tricolores, car il y avait même de ceux-là, ne savait ni où elle allait, ni ce qu'elle voulait, et que sa victoire conduisait la France à la restauration du gouvernement monarchique après une halte dans le chaos.

Les républicains de la Constituante voyaient-ils derrière les barricades de Juin, dans les brumes de l'avenir, le spectre de l'Empire se lever de sa plaine de Waterloo pour se diriger lentement vers la plaine de Sedan ? C'est possible pour quelques-uns. Mais ce qui est certain, c'est que pour tous, ces tumulus de pavés qui s'elevaient dans Paris, c'étaient autant de tombes préparées pour la République qui allait mourir.

La preuve que tous pensaient ainsi, nous le répétons, c'est que tous les représentants, les Socialistes et les Montagnards, ceux mêmes qu'on savait professer les idées les plus avancées restèrent dans l'Assemblée. Quelques-uns, une soixantaine seulement, protestèrent contre la mise en état de siége de Paris, mais ne protestèrent pas contre la concentration des pouvoirs exécutifs entre les mains du général Cavaignac qui fut votée par acclamation.

Ces deux propositions émanaient de M. Pascal Duprat, et il faut avouer que si la grandeur du péril justifie la suspension momentanée des libertés publiques, jamais mesures extraordinaires ne furent justifiées par un péril plus grand.

Toutes les Républiques, même les plus jalouses de leurs libertés, ont, dans certains moments critiques, confié le pouvoir à un dictateur, dont la mission était de sauver, coûte que coûte, la chose publique. L'instinct de conservation dans les sociétés comme chez l'individu, est plus impérieux que le sentiment d'indépendance; le 24 juin, l'Assemblée nationale constituante obéissait à cet instinct dont la proposition de M. Pascal Duprat était l'expression.

Cette dictature du général Cavaignac, d'un homme qui était connu, comme tous ceux de sa famille, pour la fermeté de ses convictions républicaines, combien dura-t-elle? Trois jours!

Investi du pouvoir dictatorial le 24 juin, le général Cavaignac le rendit le 27 aux représentants du peuple. Le mot dictateur, dans cette circonstance, n'est même pas le mot propre, car au-dessus d'un dictateur, il n'y a aucune puissance, aucune autorité. Telle n'était pas la situation. L'Assemblée n'abdiqua pas son autorité souveraine. Elle pouvait retirer par un décret, au général Cavaignac, les pouvoirs extraordinaires qu'elle lui avait conférés afin d'assurer, dans la direction militaire, l'unité d'action et la rapidité de décision qu'on ne trouvait pas chez les membres de la Commission exécutive.

Quant à l'état de siége, décrété le 24 juin, il fut levé le 20 octobre suivant. Il avait duré quatre mois et encore faut-il dire que dès le 8 août. six semaines après l'insurrection, les journaux suspendus avaient été autorisés à reprendre leur publication.

En présence de ces faits, il faut reconnaitre que si la Constituante employa les ressources les plus énergiques de résistance et de répression lorsque l'existence de son autorité légale était attaquée à coups de fusil, cette Assemblée a du moins l'honneur, devant l'histoire, de ne pas avoir fait de l'état de siége un moyen de gouvernement.

Malheureusement la Constituante de 1848 comptait une minorité réactionnaire que les événements de juin rendirent un moment maitresse de la situation, grâce à l'effarement où le centre de l'Assemblée, composé d'hommes honnêtes, mais timorés, avait été jeté, ainsi qu'il arrivera toujours, par le soulèvement populaire.

Cette minorité avait eu peur pendant la bataille. Elle avait peur encore après. C'est pour quoi elle fut sans grandeur dans la victoire, et vota avec les centres qui lui donnèrent la majorité, cette loi sauvage, indigne de notre pays et de notre époque, qui transportait sans jugement en Algérie la plus grande partie des prisonniers faits pendant l'insurrection et convaincus par un examen sommaire d'y avoir pris part.

Le général Cavaignac protesta lui-même contre ceux qui voulurent prétendre qu'une telle mesure était un adoucissement à la législation ordinaire des conseils de guerre, moins rapide, mais plus conforme aux principes du droit et qu'il eût préféré voir suivre.

Les républicains, devenus minorité, essayèrent vainement de s'opposer à cette loi inique. M. Pascal Duprat ne put même pas obtenir que la discussion fût renvoyée au lendemain pour que le débat eût lieu dans les conditions de sérénité nécessaire à un pareil sujet. Ses efforts, ainsi que ceux des citoyens Baune, Lagrange et Caussidière, furent inutiles. La loi fut votée séance tenante.

Pierre Leroux présenta un amendement en vertu duquel les femmes et les enfants des transportés qui en feraient la demande, seraient autorisés à suivre dans leur exil leurs maris et leurs pères, et seraient conduits aux frais de l'État. La majorité repoussa cet amendement, inspiré par une pensée d'humanité. « Je serai toujours plus généreux envers mes adversaires, » s'écria M. Pascal Duprat, en voyant les sentiments de basse vengeance où était descendue la droite.

Pendant les derniers mois de la Constituante, M. Duprat, rapporteur du comité du travail, conclut à limiter à douze heures au plus dans les départements, et à onze heures à Paris, la durée de la journée de travail dans les usines et les manufactures. Aux termes du projet de loi qu'il déposa, les heures excédantes devaient donner lieu à un salaire supplémentaire, sous peine d'une amende de 100 à 1000 francs, qui, en cas de récidive, devait être portée de 1000 à 2000 francs. Cette loi était devenue nécessaire pour protéger la santé de l'ouvrier, auquel certains patrons imposaient, avant la Révolution de 1848, des journées de quatorze, quinze et même seize heures.

Il demanda et obtint la diminution des deux tiers de l'impôt sur le sel, fit porter au minimum de 600 francs le traitement des instituteurs communaux, dont quelques-uns n'avaient, à cette époque, que 400 francs par an, et tenta, mais vainement, de substituer une surtaxe sur les vignes, aux impôts qui pèsent sur les boissons. Si le projet de loi de M. Pascal Duprat avait été adopté, l'exercice et les droits d'octrois disparaissaient. Le vignoble seul était imposé, et imposé proportionnellement aux prix de vente de ses produits. C'est-à-dire que le vin de luxe aurait été frappé d'une taxe élevée, et que le vin du pauvre n'aurait payé qu'une redevance minime. Avec le système actuellement en vigueur, le vin à quinze sous paye au Trésor autant que le vin à quinze francs la bouteille. C'est de cette façon que nos législateurs ont entendu jusqu'à présent l'égalité en matière fiscale.

Avant la séparation de la Constituante, M. Pascal Duprat avait proposé de voter douze lois organiques assurant la liberté d'association, la liberté de réunion et la liberté de la presse. Ces lois auraient gêné Louis Bonaparte, devenu président de la République. Il fit demander par son ministère à l'Assemblée d'écarter ces projets de lois. Le Président eut gain de cause et l'exécution du coup d'État fut singulièrement favorisée par cet abandon impolitique que les Constituants de 1848 firent de la plus grande part de leurs droits.

Réélu à la Législative par son département, M. Pascal Duprat monta à la tribune dès la première séance de l'Assemblée nouvelle, 2 juin 1849, pour déposer une proposition, signée par lui et par deux de ses collègues, Latrade et Charras.

Cette proposition, pour laquelle il demandait l'urgence, était ainsi conçue :

« Article unique. — Amnistie pleine et entière « est accordée à tous les citoyens condamnés pour « crimes ou délits politiques depuis la Révolution « de Février. »

Dans la séance du 12 juin de la même année, il attaque la politique qui avait envoyé une armée française à Rome pour renverser la République romaine et rétablir le pouvoir temporel du pape. Il signe la mise en accusation du président Bonaparte et de ses ministres, et, le lendemain, avec 81 membres de la gauche, il vote contre la demande d'état de siége déposée par le ministère, après la manifestation de Ledru-Rollin au conservatoire des Arts et Métiers.

Depuis ce moment, M. Pascal Duprat fut au premier rang de ceux qui combattirent sans repos ni trève la politique de l'Elysée.

Il s'opposa à la création des grands commandements militaires, car il devinait facilement le but de cette innovation. C'était pour M. Louis Bonaparte le moyen de se faire des créatures et d'attacher à sa fortune tout un état-major de généraux, lieutenants futurs du coup d'Etat. Il attaqua de même la loi de 1850 sur l'enseignement secondaire, dite loi Falloux, qui livrait au clergé, par la prépondérance donnée aux évêques dans le conseil supérieur de l'instruction publique, l'enseignement universitaire et la jeunesse de nos lycées.

Il repoussa le projet du ministre Parieu, attribuant aux préfets la nomination des instituteurs communaux et leur conférant le droit de suspendre, déplacer ou révoquer ces fonctionnaires.

Il combattit avec la même vivacité les conclusions de la commission qui prétendait enlever aux blessés de Février et aux familles des citoyens morts dans ces journées, les secours votés par l'Assemblée constituante, dette sacrée payée par la République à ses défenseurs.

Le 27 décembre 1850, il interpellait M. Baroche à propos de la scandaleuse autorisation accordée par ce ministre à l'affaire véreuse appelée la loterie du lingot d'or. Son énergique réquisitoire entraîna la majorité de la Législative, toute réactionnaire qu'elle fût, et toute rebelle qu'elle se montrât d'ordinaire aux conclusions d'un orateur républicain. M. Baroche fut renversé et la conscience publique fut satisfaite.

Dans le débat solennel sur la proposition relative à la révision de la Constitution (17 juillet 1851) M. Pascal Duprat déployait la même vigueur et démontrait à la majorité royaliste que la restauration de la royauté étant impossible en fait, et la République ne pouvant qu'être affaiblie par la révision du pacte constitutionnel, l'Empire seul pouvait profiter des changements à introduire.

Le 2 décembre 1851, il se rendit à la mairie du Xe arrondissement, et fut du nombre des représentants qui essayèrent d'organiser la résistance pour défendre la loi violée par le Président parjure.

Enlevé, avec ses collègues, par les soldats d'Espinasse, il fut conduit d'abord à la caserne du quai d'Orsay, de là au Mont-Valérien, puis à Sainte-Pélagie où il fut mis avec les voleurs.

Après une détention qui dura près de deux mois, M. Pascal Duprat fut conduit à la frontière par un agent de police désigné comme son domestique sur le passe-port délivré au proscrit par le ministère de l'intérieur.

III

L'ancien représentant des Landes était exilé du territoire français, par mesure de sûreté générale, et pour un temps indéterminé. A peine arrivé en Belgique, il publia son livre : *De l'Etat, sa place et son rôle dans la vie des sociétés*, puis un ouvrage qui eut un grand retentissement à l'étranger : *Les Tables de proscription de Louis Bonaparte et de ses complices*. C'est la statistique complète du crime de Décembre, la liste des victimes envoyées en exil, en prison, au bagne ou à l'échafaud par les juges prévaricateurs, les généraux félons, les préfets sans honneur et sans conscience qui siégeaient dans les commissions mixtes.

Le crime des condamnés, c'était d'avoir défendu la loi. Pour quelques-uns même c'était d'être allié par le sang à des républicains. Il y a eu des enfants exilés ou transportés, parce que leur père ou leur frère aîné avait été proscrit par la justice de Bonaparte.

Un tel livre devait exciter les colères des vainqueurs de Décembre. C'était l'histoire inexorable qui commençait pour eux. Le volume, proscrit comme son auteur, passait cependant la frontière et, comme les rimes vengeresses des *Châtiments*, troublait les premières fêtes de la curée impériale.

L'ambassadeur de Napoléon III signifia au gouvernement du roi Léopold qu'il lui déplaisait de voir M Pascal Duprat en Belgique. Celui-ci dut s'éloigner : proscrits de France, les républicains se voyaient chasser de l'exil même, par leurs proscripteurs.

M. Pascal Duprat se réfugia à Londres, d'où il envoya à la *Presse* des lettres sur l'instruction publique en Angleterre, et au *Siècle* une série d'études sur les orateurs et les hommes d'État du Parlement britannique.

Revenu en Belgique en 1854, il y fonda une revue mensuelle, économique, philosophique et politique : la *Libre Recherche*. Jusqu'à 1856 il continua cette publication, faisant en même temps des conférences dans toutes les grandes villes et prenant une part active à cette campagne de propagande libérale qui jeta un si vif éclat sur les exilés français. Pendant quelques années la France ne fut plus en France. Elle était en Belgique, en Angleterre, sur le rocher de Guernesey, en Italie, en Suisse, en Espagne, partout enfin où les exilés avaient porté la langue, l'éloquence et le génie français. Par delà les frontières vivait et respirait avec ses poëtes, ses orateurs, ses historiens, ses philosophes, la France qui pense. En deçà vivait avec Louis Bonaparte et ses acolytes, la France qui jouit.

En 1856, M. Pascal Duprat fut appelé par le gouvernement vaudois à occuper la chaire d'économie politique, à l'académie de Lausanne. Il fonda dans cette ville le *Nouvel Économiste* qui, plus tard, fut transporté à Genève, et envoya des lettres au *Courrier du Dimanche*, le premier organe libéral fondé en France depuis le coup d'Etat.

Après plusieurs voyages en Italie, où il fut en relation avec tous les hommes politiques de la Péninsule. M. Pascal Duprat se fixa à Turin. Il y publia l'*Italie nouvelle*, journal hebdomadaire dont il était le rédacteur unique. C'est à cette époque que se rattachent une série de *Lettres sur le Premier Parlement italien* et un petit livre intitulé *l'Etat et la Main morte*, qui fut provoqué par les débats sur les biens ecclésiastiques au delà des Alpes.

Dans ses voyages autour des frontières de la patrie, l'exilé, proscrit de la tribune française, en retrouvait une dans les congrès internationaux où il discutait ces questions qui intéressent également tous les peuples. Il prit part aux Congrès de Bienfaisance et d'Hygiène qui se tinrent à Bruxelles, aux Congrès de Statistique de Bruxelles, de Florence et de la Haye. Il fut l'un des organisateurs du Congrès de l'impôt à Lausanne. Sur une proposition qui lui fut commune avec MM. Joseph Garnier et Emile de Girardin, le Congrès adopta, comme moyen de transformer le système fiscal actuel et de le ramener à une répartition plus équitable des charges publiques, un impôt combiné sur le capital et sur le revenu.

A l'*Association britannique pour le progrès des sciences sociales*, à Londres en 1861, M. Pascal Duprat parla en faveur de l'enseignement obligatoire; et l'année suivante, il fut l'un des fondateurs à Bruxelles de l'*Association internationale pour le progrès des sciences sociales*, instituée sur le modèle de l'association anglaise, et qui tint ses sessions annuelles successivement à la Haye, à Gand et à Berne, en 1863, 1864 et 1865 ; M. Pascal Duprat en fut un des principaux orateurs. Il y traita la plupart des grandes questions politiques ou économiques qui occupaient alors les esprits : la réforme de l'impôt, l'organisation d'une armée nationale, l'enseignement gratuit, laïque et obligatoire, la liberté commerciale, etc., etc.

L'orateur trouvait encore le temps d'écrire et faisait paraître en 1865 un volume d'études sur les *Encyclopédistes, leurs travaux, leurs doctrines et leur influence*. En 1867, il publiait dans la *Revue moderne*, avec d'autres travaux, une étude politique intitulée : *La Conjuration contre les petits Etats de l'Europe*.

L'auteur y démontrait que la désastreuse politique des nationalités, imaginée par l'Empire, devait amener, par la disparition successive des petits Etats et la constitution de grandes agglomérations politiques, la rupture de l'équilibre européen et, dans un avenir prochain, mettre la France en face de terribles complications.

La révolution de 1868 attira M. Pascal Duprat en Espagne où il fut accueilli avec sympathie par les hommes d'Etat ou d'étude de ce pays. En même temps il faisait paraître à Paris son livre sur les *Révolutions*. Pendant son séjour à Madrid il prit plusieurs fois la parole dans les réunions publiques à côté de Castelar pour défendre la liberté commerciale et réclamer l'abolition de l'esclavage dans les Antilles espagnoles.

La France se réveillait alors. L'Empire, affaibli par ses propres excès, sentait le besoin de se renouveler et, après avoir abusé de la force, prétendait s'aider d'une ombre de liberté. On se souvenait des proscrits. On les rappelait. Plusieurs des hommes de 1848 avaient déjà, grâce à Paris, retrouvé une place au Corps législatif; nos provinces du Midi, prises d'émulation, voulurent avoir aussi leurs députés républicains aux élections générales de 1869. Dax et Agen offrirent une candidature à M. Pascal Duprat. C'était le convier à de nouvelles luttes, l'appeler à un nouveau poste de combat. Il rentra dans sa patrie après dix-sept ans d'exil en vertu du décret d'amnistie générale et sans conditions.

Il aurait pu rentrer plus tôt. Voici dans quelles circonstances.

Le frère aîné de M. Pascal Duprat, qui avait remplacé pour lui leur père, enlevé par une mort prématurée, était à la dernière extrémité. Une dépêche vint, en Suisse, apprendre au proscrit l'état désespéré du malade.

M. Pascal Duprat se rend chez le consul de France pour savoir s'il peut venir embrasser son frère mourant, sans craindre d'être arrêté en route par la police impériale. Le Consul demande par le télégraphe des ordres à son gouvernement et transmet à M. Pascal Duprat la réponse qu'il avait reçue.

L'exilé était libre de rentrer en France et d'y séjourner, s'il voulait demander sa grâce à l'Empereur.

— « A ce prix, jamais ! » s'écria l'ancien représentant du peuple :

Le mourant apprit quelques heures avant le moment suprême les conditions faites à la rentrée de son jeune frère et le refus de celui-ci.

— « Il a bien fait, » dit-il simplement.

Voici la lettre que M. Pascal Duprat écrivit aux électeurs républicains d'Agen en réponse à la candidature qui lui avait été offerte.

« Mes chers coreligionnaires, »

« J'ai reçu l'appel que vous avez bien voulu « m'adresser pour les élections prochaines. Vous « me conviez à la lutte, à une lutte pacifique

« mais courageuse et hardie, pour le triomphe
« de nos libertés. Je suis prêt à marcher avec
« vous. Votre département est un de ceux qui ont
« le plus souffert des colères de la proscription.
« Proscrit moi-même, j'en serai, pour ainsi dire,
« la représentation vivante. Je n'ignore point les
« périls qui, aujourd'hui comme autrefois,
« peuvent être réservés aux mandataires du
« peuple, indissolublement liés à ses droits et à
« ses intérêts; mais ces périls n'ont rien qui
« m'épouvante. Si la victoire ne nous appartient
« pas, il n'y a point de force qui puisse nous
« arracher l'honneur dans la défaite, et je saurai,
« s'il le faut, expier encore par des années d'exil
« ce crime tout nouveau d'être fidèle au devoir.

« PASCAL DUPRAT.

« Madrid, 14 janvier 1868. »

L'Union libérale fit écarter, dans le Lot-et-Garonne, la candidature de l'ancien Constituant qui semblait trop accentuée, au profit d'un candidat orléaniste, M. Baze, qui fut élu.

A Dax, M. Pascal Duprat, combattu à outrance par l'administration, et qui n'avait eu ni journal pour défendre sa candidature, ni la permission de tenir une seule réunion même privée, échoua contre le candidat officiel.

IV

Dès les premiers mois de son avénement au pouvoir, M. Thiers avait nommé M. Pascal Duprat Ministre plénipotentiaire de la République française en Grèce ; mais l'ancien parlementaire avait la nostalgie de cette tribune dont il était éloigné depuis vingt ans. Il donna sa démission pour remplir le mandat que les électeurs des Landes venaient de lui confier pour la troisième fois, le 2 juillet 1871.

Il rentrait dans la vie publique avec toutes les convictions, toutes les idées de sa jeunesse ; avec un savoir considérablement accru par ses longues études durant l'exil; avec l'expérience des hommes et des choses due à la diversité des peuples et des institutions qu'il avait étudiés et à ses relations avec presque tous les hommes politiques de l'Europe.

On aurait pu dire de M Pascal Duprat quand il revint d'exil et rentra dans la vie politique, qu'il n'avait rien oublié et qu'il avait beaucoup appris.

Son rôle dans la dernière Assemblée est connu de tous ceux qui s'occupent un peu des affaires du pays. M. Pascal Duprat a pris part aux débats de presque toutes les grandes questions, et dans toutes les discussions il s'est imposé à l'attention même de ses adversaires, par la compétence dont il a fait preuve, par la solidité de son argumentation, par le charme d'une parole parfois ironique et mordante, souvent élevée et chaleureuse, toujours élégante.

Ce fut lui qui, par son interpellation au sujet de Bazaine, eut raison des hésitations du gouvernement et força celui-ci à traduire devant un conseil de guerre, l'ex-commandant en chef qui avait livré aux Prussiens Metz et son armée.

Dans la séance du 18 décembre 1871 il prit la parole pour demander que les portes de l'Assemblée ne fussent pas ouvertes aux princes d'Orléans, comme il avait demandé à l'Assemblée de 1848, de ne pas admettre le prince Louis-Napoléon Bonaparte. Il rappela aux Constituants de la troisième République le langage qu'il avait tenu aux Constituants de la seconde, et les conséquences de l'opinion qui avait prévalu contre la sienne. La Chambre, après une longue discussion, vota l'ordre du jour proposé par M. Fresneau et qui, dégageant l'Assemblée du débat, laissait les princes libres d'agir selon les conseils de leur conscience. MM. d'Aumale et de Joinville, élus dans l'Oise et dans la Marne, avaient pris, vis-à-vis le Président de la République, l'engagement de ne pas venir occuper leur siége de député. L'engagement était connu, mais il n'y avait *rien d'écrit*. Les princes entrèrent à l'Assemblée.

Une autre fois encore, M. Pascal Duprat fit entendre à la tribune des paroles qui sonnèrent désagréablement aux oreilles des fils de Louis-Philippe. Ce fut à propos de la réclamation faite par eux des biens qui leur avaient été confisqués sous l'Empire.

D'accord avec tout le monde dans l'Assemblée pour flétrir la confiscation, bannie de nos lois depuis l'institution du code civil et rétablie arbi-

trairement par l'Empire, M. Pascal Duprat demandait que les princes d'Orléans fussent renvoyés
devant les tribunaux pour faire valoir leurs
titres de propriété et récupérer tout ou partie de
ces biens, s'ils pouvaient s'en faire reconnaître
judiciairement les propriétaires, l'Assemblée se
reconnaissant d'ailleurs imcompétente pour déci-
der la question qui était uniquement, selon
M. Pascal Duprat, du ressort judiciaire.

Cela ne faisait pas le compte des princes d'Orléans. On ne pouvait pas préjuger de la décision
des tribunaux et les princes n'étaient pas bien
certains de pouvoir établir la légitimité de pos-
session que M. Pascal Duprat contesta dans ses
origines. et l'histoire à la main.

La répugnance des princes à porter le débat
devant les tribunaux plaide singulièrement en
faveur de la thèse historique soutenue dans cette
discussion par leur adversaire, et les conclusions
de l'orateur républicain demeurent entières malgré le plaidoyer de M. Bocher.

« Soyons justes, justes jusqu'à l'excès, s'il m'é-
« tait permis de rapprocher ces deux mots, s'é-
« criait M. Pascal Duprat en terminant sa réplique
« au député homme d'affaires de la maison d'Or-
« léans ; mais ne perdons cependant pas de vue
« les intérêts de la France. Ne soyons pas folle-
« ment généreux, ne soyons pas prodigues et dans
« quel moment ? c'est lorsque nous avons tant de
« peine à payer cette énorme rançon qui nous a
« été imposée par un vainqueur impitoyable ;
« c'est lorsque nos villes et nos campagnes atten-
« dent encore les sommes nécessaires pour répa-
« rer leurs ruines ; c'est quand toutes sortes de
« misères s'agitent autour de nous et nous tendent
« les mains.

« Oui, soyons justes et honnêtes, mais ne soyons

« pas prodigués, et n'abandonnons pas les deniers
« de la France appauvrie à une famille dont le
« sort, quoi qu'il arrive, ne doit jamais inspirer
« aucune inquiétude, même aux âmes les plus
« sensibles. »

Ce langage était celui de la vérité, celui de la
justice. Il s'élevait au nom de la France ruinée
par une famille impériale, contre la rapacité hé-
réditaire et les prétentions exorbitantes d'une
famille royale déjà gorgée de millions. Il ne fut
pas écouté. Les légitimistes, qui faisaient leur paix
avec les orléanistes en vue de la fusion et de la
restauration future, votèrent, avec les amis de la
famille d'Orléans, l'abandon par le domaine public
des biens réclamés : quarante millions environ.

Dans la discussion qui s'ouvrit peu après sur le
renouvellement des traités de commerce, M. Pascal Duprat demanda qu'on restât fidèle aux doctrines de la liberté commerciale et du libre
échange.

Quelquefois battu au scrutin, dans cette
Assemblée monarchique et cléricale, M. Pascal
Duprat eut cependant le bonheur d'y faire assez
fréquemment triompher son avis ; mais jamais, il
ne dut éprouver autant de joie que le jour où il fit
voter son amendement au projet de loi qui réglait
le mode d'élection au Sénat. Le projet de la commission demandait que la première Chambre fût
composée : 1° de sénateurs de droit ; 2° de sénateurs
nommés par le Président de la République ; 3° de
sénateurs élus par les départements et les colo-
nies.

M. Pascal Duprat prit l'initiative d'un amendement ainsi conçu : Le Sénat est électif. Il est
nommé par les mêmes électeurs que la Chambre
des députés.

L'auteur de cet amendement n'était pas partisan

du système des deux Chambres, il le déclara au début de son discours. Mais les lois constitution‑ nelles étaient votées depuis dix mois, et ce vote sur lequel on ne pouvait plus revenir avait décidé qu'il y aurait une Chambre des députés et un Sénat. Il ne s'agissait donc plus que de faire celui-ci le moins mauvais possible. Tel était le but de l'amendement Duprat.

Il fut soutenu avec une verve et une richesse d'arguments qui firent une vive impression sur l'Assemblée et dans le pays. On sait qu'il fut voté et que son adoption détruisit toute l'économie du projet de la Commission. Le maréchal de Mac Mahon crut devoir intervenir lui-même par un message que le vice-président du Conseil lut à l'Assemblée. Quand, le lendemain, par un brusque revirement d'une majorité amenée ainsi à se déjuger, la loi sur le Sénat fut repoussée dans son ensemble, l'opinion publique, qui avait accueilli avec enthousiasme la nouvelle de la victoire parlementaire de M. Pascal Duprat, fut au moment d'accuser celui-ci d'imprudence et d'indiscipline. Heureuse indiscipline pourtant et prévoyante imprudence qui nous sauvent aujourd'hui, car un nouveau projet fut déposé où, du moins, il n'était plus question de sénateurs de droit ni de sénateurs nommés par le Pouvoir exécutif. Aux termes de la nouvelle proposition, si les sénateurs n'étaient pas élus par le suffrage universel direct, comme le voulait M. Pascal Duprat, du moins étaient-ils nommés par le suffrage universel au deuxième ou au troisième degré. Ce changement a suffi pour nous valoir dans le Sénat une majorité républicaine au lieu de la majorité monarchiste dont le premier projet nous menaçait.

Lors de la discussion sur le mode d'élection de la Chambre des députés, M. Pascal Duprat avait déjà pris dans un discours, considérable à tous les égards, la défense du suffrage universel et du vote direct auquel les droites voulaient, on s'en souvient, substituer le suffrage restreint.

A propos du nouvel impôt établi sur les valeurs mobilières, M. Pascal Duprat demanda et obtint, en juin 1875, que cet impôt ne serait pas applicable aux associations ouvrières, dont il défendit ainsi les intérêts compromis par une extension abusive de la loi. Bientôt après, dans le débat si grave de la loi hypocritement appelée loi sur la liberté de l'enseignement supérieur, le même orateur démontra qu'en établissant la personnalité civile des diocèses, on venait de bouleverser notre Code civil ; et qu'en accordant la liberté d'enseigner aux corporations sans l'accorder aux individus, on constituait en fait un privilége, au lieu de décréter une loi de liberté.

M. Pascal Duprat, membre de la minorité de la commission, où durant trois mois il lutta pour défendre le principe de la liberté pour tous, repoussait avec raison cette liberté spéciale que réclamait l'évêque d'Orléans et dont les cléricaux seuls devaient en effet profiter.

« Il n'est que trop possible, disait M. Pascal
« Duprat s'adressant aux catholiques, il n'est que
« trop possible que vos facultés et vos univer-
« sités libres fassent la guerre, une guerre per-
« manente à notre société civile. Voilà du moins
« ce que peuvent craindre des hommes politiques
« et ce qui doit préoccuper un gouvernement
« intelligent.

« Soyez donc moins sévères, messieurs, pour
« les cours particuliers qui ne sauraient offrir
« les mêmes périls. Quant à moi, je suis d'accord
« avec vous sur ce point : je veux la liberté d'en-
« seignement, non-seulement pour les individus,

« mais aussi pour les corporations ; mais je ne la
« voterai jamais, cependant, si vous ne consacrez
« pas avant tout la liberté individuelle de l'en-
« seignement qui doit en être la base.

« Vous nous demandez de nous entendre avec
« vous, nous le voulons bien. Oui, nous serons
« libéraux et libéraux jusqu'à l'imprudence et la
« témérité, si cette témérité est nécessaire au
« respect des principes ; mais ne nous deman-
« dez pas d'être dupes ; ce serait trop attendre de
« notre générosité. »

M. Pascal Duprat, qui avait eu souvent dans
cette Assemblée l'occasion de montrer son apti-
tude à traiter les questions d'affaires, prouva dans
la discussion sur la concession de vingt nouvelles
lignes ferrées aux grandes compagnies qu'il n'é-
tait pas seulement un orateur politique, mais
qu'il était encore doué d'une remarquable faci-
lité pour l'élucidation des questions techniques.
Il combattit avec raison cette déplorable ten-
dance du gouvernement à constituer un mono-
pole au profit des grandes associations indus-
trielles. Par l'établissement d'utiles concurrences
il voulait abaisser et régulariser nos tarifs pour
le transport et le transit des marchandises et
permettre ainsi à notre commerce de soutenir la
lutte avec l'étranger, tout en défendant les
intérêts du Trésor.

Avant que l'Assemblée se prorogeât, le 3 août
1875, M. Pascal Duprat déposa, au nom de la
29e commission d'initiative, son rapport sur les
propositions de levée de l'état de siége, formulées
par plusieurs députés de la gauche.

Ce rapport se terminait par les lignes suivantes
empreintes d'une juste sévérité pour les hommes
d'État dont l'incapacité ou les arrière-pensées

ont besoin de l'état de siége comme moyen
régulier et normal de gouvernement :

« La liberté, il est vrai, a ses difficultés et ses
« périls; mais l'honneur des gouvernements est
« de savoir vivre avec ces périls et ces difficultés.
« Il y a là comme une sorte de discipline qui
« les tient en haleine, les exerce, les fortifie et
« les rend plus aptes au maniement du pouvoir.
« Ce régime viril vaut mieux pour eux que celui
« de l'état de siége, qui ne peut leur prêter
« qu'une force dangereuse et malsaine, et qui n'a
« pas été inventé, d'ailleurs, pour suppléer à
« l'insuffisance des gouvernements.

« On sait ce que deviennent les peuples avec
« ces mesures exceptionnelles qui leur enlèvent
« l'usage des droits les plus précieux. Les mœurs
« s'affaiblissent, les caractères s'énervent,
« l'égoïsme, un égoïsme étroit remplace la noble
« passion du bien public, et si la patrie, dans un
« jour de péril, a besoin de tenter un grand
« effort, elle ne retrouve plus dans les popu-
« lations ces fortes et mâles vertus qui furent,
« dans tous les temps la sauvegarde la plus sûre
« des Etats. »

Dès le premier jour de la rentrée, le 4 novembre,
lorsque M. Buffet fut descendu de la tribune où
il avait demandé à l'Assemblée de mettre à son
ordre du jour la deuxième délibération de la loi
électorale politique, M. Pascal Duprat, ayant
même que le ministre fût revenu à son banc,
le remplaçait à la tribune, et, feignant de prendre
la demande du ministre comme une annonce de
dissolution prochaine, réclamait la discussion sur
le rapport dont on vient de lire un extrait, c'est-
à-dire la levée de l'état de siége, et la discussion
de la loi sur l'organisation municipale.

Le ministre ne s'attendait pas à cette manœu-

vre hardie. Il comptait faire voter sa loi électorale, puis, brusquement, et sous le règne de
l'état de siége, sans réunions publiques, sans
journaux, sous l'œil vigilant des généraux et des
préfets, convoquer les électeurs.

L'audacieuse initiative de M. Pascal Duprat em-
pêcha ces élections à Colin-Maillard, où l'hono-
ble M. Buffet, ainsi que ses lieutenants, se prépa-
raient à tricher, avec cette étonnante tranquillité
de conscience qu'ont les dévots, quand il s'agit de
sauver, *per fas et nefas*, la morale et la religion.

Comme un bonheur ne vient jamais seul, au
cours de la discussion de la loi électorale politique, l'Assemblée décida que les élections auraient
lieu avec les listes closes au mois de mars pré-
cédent, pour l'électorat municipal. Or, sur ces
listes, M. Pascal Duprat avait fait conserver sept
à huit cent mille citoyens, en obtenant deux ans
de domicile au lieu de trois que la commission
exigeait, pour la qualité d'électeur.

Dans les derniers jours de la législature, M.
Pascal Duprat eut encore une fois l'occasion de
prendre la parole, à propos de l'étrange projet de
convention proposée par M. Decazes sur ce qu'il
appelait la réforme judiciaire en Egypte. Cette
prétendue réforme livrait nos nationaux français
à la juridiction musulmane, en les soumettant à
des tribunaux mixtes où des juges égyptiens sié-
geront à côté de juges européens. Sous l'ancien
régime des capitulations, les Français en Egypte
ne relevaient que de leurs propres magistrats
et de leur législation nationale. L'extrême gauche et l'extrême droite donnèrent seules raison à
M. Pascal Duprat, qui demandait le maintien des
capitulations. Tout le reste de l'Assemblée livra
aveuglément nos compatriotes à la justice musulmane et abandonna les traditions séculaires qui

avaient conservé jusqu'à ce jour notre prestige en Orient. Il ne resta rien de cette séance qu'un des plus remarquables discours qu'ait prononcés M. Pascal Duprat dans sa carrière politique, comme s'il avait voulu donner une fête de la parole à cette tribune qu'il allait quitter pour affronter les hasards de la bataille électorale.

Quand on applaudissait M. Pascal Duprat, des deux côtés de la Chambre et même sur les bancs où l'on se disposait à voter contre ses conclusions, celui qui aurait dit que l'éloquent orateur, quelques semaines après, échouerait contre un obscur bonapartiste, aurait fait hausser les épaules à ses auditeurs incrédules. Et cependant M. Pascal Duprat n'a pas été réélu par son département.

Il peut se consoler de cet échec par les regrets que tout le parti républicain a exprimés au vaincu de Saint-Sever. Ces regrets sont trop universels et trop vifs pour qu'ils soient stériles et pour que bientôt un collége électoral ne rende pas à l'ancien représentant du peuple un mandat que personne n'a rempli avec plus de fidélité et plus de talent.

Au moment où les circonstances ont fait un parti de gouvernement du parti républicain, condamné si longtemps à être un parti d'opposition, les hommes comme M. Pascal Duprat sont plus que nécessaires ; car ce qu'il faut aujourd'hui à la République ce sont des hommes assez énergiques pour vouloir tout ce qui est possible et assez sages pour ne vouloir que ce qui est possible : en un mot, des hommes d'État.

Paris. — Imp. Dubuisson et Cⁱᵉ, rue Coq-Héron, 5.

Paris. — Imp. Dubuisson et Ce, rue Coq-Héron, 5.